WONDER MUM 2

Serena GIULIANO LAKTAF

Wonder Mum 2

L'étincelle★★

Illustrations réalisées par Isabelle Le Duc

Du même auteur

Wonder Mum en a ras la cape, 2014
L'étincelle

De la part de:

Pour:

Tout simplement parce qu

Un ami c'est quelqu'un qui sait tout de toi,
et qui t'aime quand même.
Kin Hubbard

À toutes celles qui m'aiment
quand même, donc.

PRÉFACE

« Et si on faisait le deuxième ? Le premier vit sa vie maintenant, je te sens désœuvrée, je pense que c'est le bon moment. Allez, dis-oui, fais-moi un tome II ! »

Voilà comment est né ce livre incroyable que vous tenez entre les mains. Le plus beau de tout le rayon, évidemment.

Car si Wonder Mum nous a prouvé au quotidien qu'il y avait une super-héroïne un peu au bout du rouleau à pâtisserie en chacune de nous, elle a aussi été une rencontre, une révélation. Deux amies se sont trouvées, osons le dire. Et quand l'une a le privilège d'être l'éditrice de l'autre… le thème du deuxième opus s'est tout naturellement imposé. Car, oui, cent fois oui, mille fois oui… Vive les amies !

Avouons-le, sans amies pour nous supporter, on aurait jeté la cape depuis longtemps dans ce monde merveilleux et toujours plein de surprises de la parentalité. Et pas seulement dans celui-ci, en fait ! Car les amies, et c'est ce qui est beau, sont là dans tous nos mondes ! Avec nos maris/chéris/conjoints/ex/boulets. Avec nos enfants/chéris/merveilles/bourreaux. Au boulot/en vacances, quand on va mal/bien, quand on grossit/pleure/s'engueule avec notre mère.

Alors, comme l'amie est là partout et tout le temps, qu'il y avait trop d'idées et pas assez de place… il a fallu faire un peu de tri, ranger tout ça… Comme dans le cerveau de Serena. Et pour votre plus grand plaisir, trois grandes parties : nos amies et leurs mecs… Nos amies et leurs enfants… Et bien entendu… Nos amies et nous !

L'amie a une bonne dose d'humour et de patience dans sa panoplie. Elle nous supporte quand on ne supporte plus le monde. Alors elle mérite bien qu'on lui rende hommage, cette perle rare. Et qui mieux que Serena pour trouver les mots ? Avec son ton inimitable, sa plume incomparable, son humour décapant… et une bonne dose de Tipp-Ex pour supprimer les gros mots !

C'est un livre que l'on s'offre par plaisir ou que l'on offre pour dire merci. Merci à nos amies. Merci nos perles rares, d'être là, toujours.

C'est un livre pour rire et sourire. Ou nous donner envie d'envoyer un texto, subitement : « Je viens de lire un truc j'ai trop pensé à toi ! Tu te souviens de la fois où… »

Et surtout, bien sûr, un livre pour nous moquer de nous-mêmes.

Parce que oui, nos amies sont formidables… mais peut-être branchées sur courant alternatif ! Comme dirait quelqu'un que vous connaissez… Les amies c'est comme les enfants, c'est que du bonheur… ou presque !

Sonia Vignon-Jamal
Éditrice

Est-elle ta meilleure amie ?

1 A-t-elle déjà tenu tes cheveux alors que tu vomissais après une cuite ?
A. Oui.
B. Non, impossible, elle vomissait, elle aussi.

2 Si tu l'appelles à 3 heures du matin parce qu'un con t'a foutue dehors et que t'as pas envie de rentrer à pied :
A. Elle t'appelle un taxi.
B. Elle t'insulte, vient te chercher, t'insulte en rentrant, et le lendemain, et encore un an après.

3 Pour la centième fois, tu tentes de faire un gâteau, que tu foires, encore :
A. Avec une patience surhumaine, elle goûte, et t'encourage à persévérer encore.
B. Elle te conseille vivement de te mettre à la poterie. Un vase serait selon elle plus comestible que cette chose.

4 Ton mec est un gros con, mais tu l'aimes :
A. Elle tente de te faire passer le message sans te blesser. La bienveillance et le conseil vont de pair.
B. « Vire-moi ce gros con ou laisse-moi lui défoncer la gueule ! »

5 Pour ton anniversaire, elle t'offre :
A. Ton parfum, impossible de se tromper elle le reconnaîtrait entre mille. Un resto, ton préféré, et des petites chaussettes chat trop mignonnes.
B. Le coffret *collector* de *Friends* et du pop-corn.

6 Pour ton enterrement de vie de jeune fille :

A. Elle t'habille en Maya l'abeille… c'est ridicule, mais c'est la tradition !

B. Elle menace toutes les autres participantes « la première qui me parle de déguisement à la con aura affaire à mes cousins de la mafia ».

7 Tu as besoin d'argent :

A. Elle t'en prête en te faisant un peu la morale, c'est vrai que tu dépenses beaucoup quand même.

B. « C'est pour des nouvelles chaussures ? Bien sûr ma chérie on laisse pas une femme dans la détresse, il te faut combien ? »

8 Ses films préférés :

A. « Oh tu sais il y en a tellement… »

B. « *Dirty Dancing – Dirty Dancing – Dirty Dancing.* »

9 Lors d'une séance d'essayages, une robe ne te met pas vraiment en valeur :

A. « Bah écoute c'est pas si mal… si tu rajoutes une petite veste éventuellement… »

B. « Enlève-moi ça de suite. »

10 Quand tu pars de chez elle après une soirée, alors que tu vis à moins d'un kilomètre :

A. « À demain ! »

B. « Envoie-moi un message en arrivant ! »

Si tu obtiens une majorité de A :

C'est une bonne copine, certes… mais elle te laisserait sortir avec une robe immonde !

Si tu obtiens une majorité de B :

Bon OK elle est un peu brute de décoffrage, mais la tête de ma mère, c'est une meuf bien. Elle est gentille. Fais-lui un bisou !

Hey, tu sais le cadeau que j'ai acheté à mon mec pour son anniv ?

Ouais

Tu crois que c'est assez bien ?

Ben carrément oui !

Sûre ? Est-ce que c'est aussi bien que... UNE PS4 ?????? 😬

T'es relou bordel 😓, rends ce téléphone à ta meuf, t'as 12 ans ou quoi ??? 😒

Roh ça vaaaaaa, mais tu veux pas lui glisser un mot pour la console ?

Une *bonne copine* traitera ton mec de SALE CON ! si ce dernier vient à te tromper.

Une VRAIE AMIE, elle, t'aidera à enterrer son corps.

***

Les vraies amies devraient donner deux ou trois tuyaux aux hommes qui les entourent… Par exemple :
Messieurs, sachez qu'après votre première fois avec cette fille il y a de fortes chances pour que vos exploits soient racontés en détail aux copines dès le lendemain.
C'est comme *Danse avec les stars,* version *hot* et croyez-moi, le jury est sans appel :

– Problèmes de souplesse –
– Faible prise de risque –
– Manque d'originalité –

Tout sera analysé, décortiqué, critiqué.
Vous ne serez même pas là pour vous défendre.
C'est moche.
La pression hein ?
Je sais.
Et de rien, c'est cadeau !

Elle était moche ?

Moche ma chérie ? Moche c'est peu dire... Non, là on n'est plus dans le mochisme, on est dans l'art abstrait !

Et elle avait l'air bête ou pas ?

Disons que le regard d'un raton laveur sous morphine en dirait plus que le sien...

Et ses fringues ?

Bah écoute, quelqu'un de connu s'exclamerait :

« Ma chérrrrriiiie,
ça va pas dou touuuuuuuuuuuuuuut,
c'est pas possible ! »

Je pense que son kif c'est de se saper dans le noir, je ne vois pas d'autre explication...

Quand tu croises l'ex de ta meilleure amie avec sa nouvelle conquête,
MENS !
BEAUCOUP.
PASSIONNÉMENT.
Puis prie très fort pour qu'elles ne se croisent JAMAIS !

Il me rend trop triste, **J'EN PEUX PLUS!**

Et bien, quitte-le, ma biche !

Mais je l'aime tellement, **JE NE POURRAIS PAS VIVRE SANS LUI!**

Et bien, pardonne-lui, ma biche !

Ouais, parfois une amie, ça ne sert à rien. Mais ça supporte nos états d'âme pourris, alors on la garde.

***

Il y a deux catégories de petit ami : ceux qui aiment profondément les merveilleuses amies de leur femme, et les cons.

***

Dans les battles « Ma belle-mère est pire que la tienne » la seule réponse valable quand t'es une vraie amie c'est « Haaaaaaaaaaaaaan ! »

Exemples :

Tu te rends compte ? Elle se pointe à l'improviste et me fait des remarques sur l'état de l'appart !

Haaaaaaaaaaaaaaaaaan !

« Est-ce que tu nourris bien mon fils ? » par-ci, et « Il ne travaille pas trop ? » par-là… J'ai regardé s'il n'y avait pas encore un cordon qui le reliait à la vieille ! J'en peux plus !

Haaaaaaaaaaaaaaaaaaaaaaaaaaaaaan !

Je vais LA BUTER ! Regarde ce qu'elle m'a offert ! *Être une bonne épouse pour les nulles* !
Haaaaaaaaaaaaaaaaaaaaaaaaaaaaaaaaaaaaaaaaaaaan !

– Se faire une comédie romantique au ciné
pour passer un bon moment –

– Sortir de la salle. Débriefer –

– Comparer nos mecs respectifs avec le héros.
Déprimer –

– Se suicider au pop-corn périmé en pleurant notre race –

– Se promettre que la prochaine sortie ciné
sera un film d'horreur, impossible d'être déçue en rentrant –

***

J'ai absolument besoin de toi, je ne peux demander ça à personne d'autre, tu es la meilleure et je sais que quoi qu'il arrive, tu seras toujours là pour moi. Plus qu'une amie, une sœur, ma moitié, dis-moi que tu vas m'aider, je t'en supplie…

Ah non ! Je ne t'aiderai pas encore à t'épiler le maillot en forme de cœur pour lui faire une surprise, t'es pénible à la fin !

Les meufs faut qu'on sorte, mon mec est malade.

CETTE PHRASE N'EST PAS À PRENDRE À LA LÉGÈRE, SORTEZ-LA DE LÀ !

CECI N'EST PAS UN EXERCICE

***

Ta meuf lui envoie des SMS toute la journée, lui parle au téléphone pendant des heures. Elles ont des *private jokes* que tu ne peux pas comprendre. C'est la personne qu'elle consulte pour toute décision importante et pour qui elle n'a aucun secret : la meilleure amie, c'est comme ta belle-mère, en version jeune.

***

Réunion sextoy

Fiche technique des participantes type :

La timide

Rohlôlô… mais ce sont des zizis fluo,
c'en est trop pour mon petit cœur !

La scientifique

Ce modèle a-t-il été testé ?
Sur 100 femmes, combien atteignent l'orgasme
en moins de 2 min17 ?

La gourmande

Vous n'avez rien de plus gros ?

La célib'

Oui, très bien, je vous prends tout !

La fauchée

189 € ce machin qui te promet un orgasme,
alors que je peux en avoir gratuit ?
Non, à ce prix-là, faut au moins qu'il me fasse
manucure et pédicure avec !

T'as vu, pas besoin de faire psycho, vendeuse de vibromasseurs c'est pareil.

IMPARTIALITÉ
Mon Amie

Il y a une règle de base qui régit toute amitié qui se respecte : **l'honnêteté**.

Une vraie amie se doit d'être honnête **en toutes circonstances**.

Exemple :

« Ce que je pense de cette robe ?

Bon à la limite, tu pourras la porter pour une soirée déguisée, thème pachyderme…

Mais pas pour ta soirée d'anniv, non. »

Enfin… Presque en toutes circonstances à vrai dire.

Il y a un domaine où il est possible de mentir, où il est nécessaire de mentir même : lorsqu'elle nous demande un avis après une dispute de couple.

Alors là, hors de question d'aller contre ladite amie, sous peine de la perdre à jamais, quoi qu'il arrive **C'EST SON MEC QUI A TORT**.

Alors quand c'est vraiment lui, le fautif, facile, mais quand la copine en question a pour deuxième prénom « mauvaise foi faite femme », c'est plus dur d'être crédible…

« Mais bien sûr que c'est de sa faute si tu l'as trompé chérie, attends, imagine à quel point tu devais te sentir seule, mal dans votre couple PAR

SA FAAAAAAUTE, que tu as dû te rabaisser à aller voir ailleurs, hallucinant quand même ! »

« Il a osé ?

Osé t'offrir des sous-vêtements à ton anniversaire ? Bien sûr que non, c'est pas un cadeau pour toi ! C'est clairement un cadeau pour lui ! Ah mais oui il est égoïste parfaitement... Tu fais bien de lui faire la gueule, bien sûr... »

« Il veut ENCORE que vous alliez chez sa mère ?

M'enfin, vous y êtes allés quand la dernière fois ? Il y a à peine 2 ans ! Normal que tu n'aies pas envie ma chérie, je te comprends ! Au fait, tu passeras le bonjour à ta maman, tu dînes bien chez elle demain, comme chaque semaine ? »

Face à un jury d'amies, le mec est forcément coupable, les preuves en sa faveur, on s'assoit dessus, ça nous fait un coussin confortable.

Bon ce soir, c'est mon premier rancard avec le mec d'internet, je stresse !

T'as la tenue ?

Oui. Robe noire sexy-mais-pas-trop.

Parfait. Épilation ?

Non, mais je ne compte pas coucher le premier soir enfin ! (Oui je sors de chez l'esthéticienne)

Impec. Qui choisit le resto ?

Moi ! Et j'évite tout ce qui est trop épicé ou à base d'oignons !

Eh bah voilà, ça va aller ne t'inquiète pas !

T'es sûre ? Un dernier conseil avant que je parte ?

Sois toi-même ! Il va te kiffer !

T'es un amour…

(Enfin évite de lui dévoiler ton humour douteux, de lui parler de ta relation fusionnelle avec ton furet, de lui expliquer ton incroyable talent qui consiste à réciter l'alphabet à l'envers en faisant des bulles avec le nez et ne lui dis pas non plus que t'aimes pas les boissons gazeuses. C'est louche quelqu'un qui n'aime pas le Coca quand même !)

OK en gros je souris et je la ferme !

Voilà, tu seras parfaite je te dis !
Bisous mon chat bonne soirée !

On s'est vu qu'une fois c'est bon, tu vas pas me faire une crise là, si ?

Vous dites toutes la même chose, c'est fou ! Je ne te suffis pas c'est ça ? Dis-le !

Mais arrête bichon, c'est juste une collègue de boulot, on a bu un verre et basta.

C'est ça... Ah ça me tue ! Alors quoi, c'est parce que ça fait quinze ans c'est ça ? La lassitude, la routine se sont installées, je fais partie des meubles ? Tu as besoin de nouveauté ? Parle ! Parle bon sang ! Elle est quoi ? Plus jeune ? Plus marrante ? Plus calée en potins people ? Quoi ? Qu'est-ce qu'elle a de plus que moi ?

Parfois les amies peuvent être plus jalouses que ton mec et c'est embêtant, parce que sans sexe pour se rabibocher, c'est beaucoup moins sympa de s'engueuler !

Tu verras un jour ta meilleure amie rencontrer un homme charmant, il la fera sourire, la rendra heureuse. Il la conduira devant l'autel et lui fera des enfants… Tu les regarderas en souriant s'aimer, vivre, s'épanouir… Et dès qu'elle aura le dos tourné, tu n'omettras pas de glisser un **« J'étais là avant toi connard, elle m'aimera toujours plus que toi, ne rêve pas »** à cette enflure qui te l'a enlevée.

KIT SOS AMIE EN DÉTRESSE

(doit toujours être prêt à l'emploi en cas de rupture)

Contient : mouchoirs, bonbons, glace, photos moches du mec qu'elle pourra brûler avec un briquet *girl powa*, DVD de *La cité de la peur* et l'intégrale de *Friends* (hors épisode où Ross trompe Rachel).

***

Lorsque ta *best friend* de la *life* t'annonce qu'elle va se marier, sache que tu vas être mise à rude épreuve.
Disons que t'auras le même boulot et le même stress que la future épouse, la belle robe, les cadeaux et le voyage de noces en moins.
#Arnaque

Textos mielleux, petites attentions mignonnes, compliments et flatteries en tout genre ?
Deux possibilités : ta chère amie veut t'emprunter ta plus belle paire de pompes ou, pire que tout, elle veut te refiler ses gosses pour se barrer en week-end avec son mec.
Tu le sais, tu lui as tout appris à cette garce.

***

Bon je vais vous présenter mon mec, mais vous allez la jouer cool hein ? Pas trop de questions ?

Des questions ? Quelles questions ? Quand des questions ? Nous on pose des questions ? Ah bon ? Pourquoi tu dis ça ? Tu trouves qu'on exagère ? Hein ? C'est ça que t'es en train de dire ?

Vérité 239 : elle a beau être la personne la plus terre à terre du monde, elle perdra totalement l'usage du bon sens quand elle rencontrera un mec qui lui fera tourner la tête.
« On va aller vivre en Tanzanie, on élèvera des chèvres, on cultivera de l'orge et puis moi je le regarderai touuuuuuuuuuute la journéeeeeeeeeeeeee parce qu'il est trop bôôôôô. »

Dites **« mais oui mais oui »** en boucle pendant 2-3 semaines. Elle reviendra d'elle-même à la raison au premier pet sous la couette du beau Tanzanien.

***

Au départ, quand deux amies organisent une première rencontre avec leurs mecs respectifs, elles n'ont qu'une envie : qu'ils s'apprécient… Elles imaginent déjà les sorties en couple, les vacances à quatre, les délires partagés, toussa…
Deux heures et trois bouteilles de vin plus tard, quand ils s'entendent tellement bien que **« Ah ouaaaaaaaaais toi aussi elle te fait ça ? Bon sang toutes les mêmes mon pote hein ! TOUTES LES MÊMES ! » « Ah bon ? Vous avez fait ça ? Mais tu ne m'avais pas raconté ça, chérie ! »** Elles se disent que finalement rester entre meufs c'est tout aussi bien… ouais clairement tout aussi bien, on n'a pas besoin d'eux quoi, oh !

L'amitié est un sentiment plus fort que l'amour ! OUI !
L'amie n'a pas besoin de t'imaginer toujours en princesse désirable et délicate. Non, l'amie t'entend parler de tes règles à table et elle t'aime quand même, elle !

***

Je ne comprends pas que les mecs se demandent encore pourquoi nous, les femmes, on va aux toilettes à plusieurs !

Hey les gars, vous avez déjà tenté de pisser en lévitation en tenant un sac dans une main, le PQ dans une autre ?

C'est pas une copine qu'on emmène, c'est une assistante !

TOI AUSSI REMPLACE TON MARI PAR L'AMIE MULTIFONCTIONS

Plus fort que ton mec... Plus fort que MacGyver... Il y a... Les amies multifonctions! (inséparables, toujours en groupe, une sorte de couteau suisse humain.)

Quoi qu'il t'arrive dans la vie, dans les bons, les moins bons moments, elles trouveront TOUJOURS une solution pour toi. **TOUJOURS**.

Elles sont multifonctions. Les femmes de la situation quel que soit le contexte.

Une peine de cœur ? Les voilà qui se transforment en site de rencontre. Elles vont vouloir te marier avec la moitié de la planète... Tout à coup elles connaissent des mecs intelligents, beaux, marrants... Tu te demandes juste pourquoi elles les ont pas dégainés avant...

Tu perds ton job ? Mieux qu'une agence intérim, plus efficaces qu'un cabinet de recrutement, elles dégainent leur carnet d'adresses, t'auras même pas le temps de larver une semaine au chômage avec leurs conneries.

Une panne de téléphone ou ligne Internet ? Des vraies techniciennes, elles te diront mieux que quiconque « t'as essayé d'éteindre et d'allumer ? ». Quel coup de génie.

T'es enceinte ? Elles font aussi sage-femme et gynéco. Elles te diront quand prendre un Spasfon, quand c'est « normal ne t'inquiète pas » et t'expliqueront comment rééduquer ton périnée.

T'es en galère pour faire garder ton fils ? Elles répondront présentes : moins cher qu'une baby-sitter certes mais aussi parfois moins fiables « Ah bon il avait pas droit au champagne ? »

Un déménagement ? Elles portent les cartons, marouflent bien mieux que Valérie elle-même et te montent ton meuble Ikea comme… comme des merdes… Mais bon, t'auras qu'à mettre un peu de colle, juste là.

Mal à la tête, au ventre, à l'orteil gauche ? Elles ont fait médecine, tu savais pas ? En tout cas si tu avales leurs comprimés, tisanes et autres huiles de foie de je n'sais pas quoi, c'est sûr tu n'auras plus mal nulle part.

Puisque tu seras morte.

MAMAN

Oh tais-toi !

Quoi ?

Oooooohhhhhhh taaaais-toooooiiiii !

Mais quoi à la fin ?

MON FILS EST PRÉSIDENT DE LA RÉPUBLIQUE !
Enfin délégué pour être précise, mais élu à l'unanimité du suffrage universel de sa classe, c'est donc pareil…

Oh mon Dieu ! Mon filleul est PRÉSIDENT DE LA RÉPUBLIQUE !
Il faut absolument fêter ça, on va faire un couscous !

Non, un couscous c'est pas chic, on va appeler ça « Farandole de légumes sur sa semoule et sa quantité non-négligeable de corps gras », ça sonne mieux, il est président maintenant quand même !

J'ai peur de devenir maman.

Oui je sais.

Je n'y arriverai jamais.

Bien sûr que si.

T'avais peur toi aussi ?

Oui.

Et t'as fait comment ?

Je t'ai appelée pour que tu me rassures.

Je veux que tu sois la marraine de ma fille parce que tu es celle en qui j'ai le plus confiance.

Oh alors là, je n'ai pas de mots… C'est avec plaisir… Je suis tellement touchée… C'est vrai qu'avec les enfants, je sais y faire, ils m'adorent !

Ouais, enfin t'emballe pas. En fait, c'est aussi parce que je sais que t'es incapable de garder un secret. Donc quand elle viendra te dire qu'elle a couché avec son mec pour la première fois, toi tu viendras directement me le répéter pour que je les tue. Tous les deux.

***

Allô ? - AÏE TU ME FAIS MAL - Oui salut ma chérie, c'est moi ça va ?

Oui – POSE CA ! – Ça va et toi ?

Super, je voulais te dire - DESCENDS DU CANAPÉ - ce soir toujours OK pour 20 heures, - CRACHE, CRACHE ! - je passe te prendre ?

Impeccable pour moi - T'AS FAIT CACA, MON DIEU, TU PUES - j'ai plein de trucs à te raconter - JE VAIS TE CHANGER TOUT DE SUITE, TU VAS M'ASPHYXIER - j'en ai appris des bonnes sur ma collègue et j'ai enfin booké mon week- - MEEEEEEEEEEERDE, ÇA A DÉBORDÉ !! - end en amoureux !

OK alors à tout à l'heure - NE RENTRE PAS ÇA DANS LE DERRIÈRE DU CHIEN !! -

Bisous !

Laissez tomber les fleurs et les doudous en allant voir votre amie à la mat'. Pointez-vous avec des vrais cadeaux : du vin, du saucisson et un paquet de clopes.

***

Elle vient d'accoucher. Elle a été déchirée jusqu'aux amygdales. Alors peu importe la tête du gosse, répète après moi : « Oh ma belle, c'est ton portrait tout craché ! »

C'est ton amie si, à la naissance de son bébé, t'as droit à la photo brute de décoffrage, pieds dans les étriers et le petit avec sa tête en cône… Alors que toutes les autres, elles, recevront celle en noir et blanc et avec un bonnet !

***

À **20 ans**, après une bonne bouteille, t'étais là avec tes copines à rire de ta dernière conquête, à raconter tes déboires sexuels et à te moquer de ton premier amour boutonneux qui ne savait pas embrasser…
À **35 ans**, alors que t'as même pas encore touché à l'apéro, ça parle épisiotomie et rétention d'eau.

Mais à quel moment on a perdu le sens commun enfin ?

À QUEL MOMENT ?

***

Être une bonne amie c'est aussi savoir s'extasier. Et ce, 112 fois d'affilée, sur les photos de bébé à la plage qui défilent sur le téléphone de la mère gaga qui s'est emparée de feu ta *best friend*.

***

Et cette promesse qu'on se fait toutes entre nous en sachant qu'on ne la tiendra bien évidemment jamais :

Non mais, si quand j'accouche, mon bébé il est moche, vous me le dites les filles hein ? Vous serez sincères ? Pas de ça entre nous !

BAH OUIIIII ATTENDS !

L'annonce du prénom de la marraine de l'enfant dans un cercle d'amies équivaut à l'annonce du nom de la meilleure actrice aux Oscars. Les nominées s'observent, les perdantes félicitent la gagnante avec un sourire de façade qui veut dire « non mais en quoi elle est mieux que moi cette conne ». Et cette dernière triomphe modestement avec un :

**« OUAAAAAAAAAAAAAAAAAAAAAAIIIIIIIIIIIIIIIIIIIIIIS
C'EST MOI QUI AI GAGNÉÉÉÉÉÉÉÉÉÉÉÉ
VOUS AVEZ LES BOULES LES MORUES, HEIIIIIN ????? »**

Ouais bon, à quelques détails près, c'est pareil.

Les parties de jambes en l'air croustillantes racontées avant de vouloir concevoir un enfant deviennent un récit médical qui te flingue la libido sur trois générations une fois qu'on veut procréer ! « J'étais à J+14, ma température était parfaite et j'ai gardé les jambes levées une bonne demi-heure après ! »

Pourquoi tu pleures ?

C'est le grand jour quoi… J'en reviens pas, c'est le jour J…

Oui… Mais ça va aller, une naissance, c'est du bonheur, tu verras…

Je sais, c'est l'émotion, je suis complètement bouleversée…

Certes, je le conçois, mais enfin c'est moi qui vais accoucher…

***

LA VÉRITÉ, TU EMBÉLLIRAS

Je me suis rendu compte que j'étais beaucoup trop honnête en ce qui concerne la maternité avec mes amies nullipares.

Je pensais naïvement qu'il serait bon de savoir exactement à quoi s'attendre une fois la décision de devenir mère prise, mais, lorsque l'une d'elles s'est fait ligaturer les trompes suite à une soirée avec moi, j'ai commencé à douter... Puis j'ai compris que je faisais vraiment fausse route lorsque j'en ai vu une autre avaler toute la plaquette de pilules après mon récit d'accouchement.

J'ai donc appris, **pour la survie de notre espèce**, à embellir un peu la vérité. Bon, ça mérite de l'entraînement, je ne vous le cache pas... Quand on vous demande « alors l'accouchement c'est vraiment si douloureux? », on a d'instinct envie de hurler « douloureux? DOULOUREUX? C'était 14-18 dans mon vagin ma grande, voilà ce que c'était! ».

Mais avec de la motivation et de la pratique, on y arrive.

Je me suis entraînée avec mon mec, lui me pose les questions et moi je réponds. Il m'aide beaucoup pour savoir si ce n'est pas assez crédible. Si j'en fais trop, ce qu'il faut améliorer dans mon discours, tout ça.

Au bout de plusieurs mois, j'ai donc pu élaborer une **liste complète de réponses type** à dégainer à vos amies qui ne sont pas encore mamans.

« Ça fait pas mal quand il bouge en fin de grossesse? »

Mauvaise réponse: « En fait t'as l'impression d'avoir Ronaldo dans ton bide qui fait une séance de tirs aux buts avec tes organes. »

Bonne réponse : « Oh noooooon ces petits coups sont comme des caresses… Et puis tu sais qu'il sera bientôt dehors alors tu profites de ces derniers instants de bonheur ! »

« Et l'accouchement alors ? T'as beaucoup souffert ? »

Mauvaise réponse : « 14-18 du vagin, donc. »

Bonne réponse : « La maternité c'est magique tu sais… Le corps de la femme est bouleversant… Lorsqu'on te pose ce bébé sur le ventre, peu importe ce que tu as vécu avant, tu oublies. L'amour c'est le meilleur antidouleur qui soit ! »

« Et l'allaitement ? Ça a été dur ? »

Mauvaise réponse : « Les crevasses sur les seins m'ont donné envie de m'immoler par le feu dans un chauffe-biberon. Je ne souhaite pas ça même à mon pire ennemi… Et t'as déjà entendu parler des tranchées ? »

Bonne réponse : « Il n'y a rien de plus naturel, nous sommes faites pour ça… C'est instinctif, animal… C'est du bonheur à chaque instant ! »

« Comment t'as géré la fatigue les premiers mois lorsque le bébé ne dormait pas ? »

Mauvaise réponse : « J'ai pas géré, j'ai fait une dépression post-partum, je me mettais du Red Bull en suppositoire et je buvais des biberons de café doublesespressoristretto *e tutti quanti.* »

Bonne réponse : « Oh tu sais c'est un rythme à prendre, je calais des siestes lorsqu'il dormait en journée, du coup ça allait ! »

« Ton corps n'a pas trop morflé ? »

Mauvaise réponse : « AHAHAHAHHAHAAHAHAHAHAHHAH... Un film d'horreur meuf ! POURQUOI j'ai fait ça ? »

Bonne réponse : « Le corps change c'est indéniable, mais désormais il me ressemble plus, il a donné la vie, je ne peux que l'aimer et être clémente avec lui ! »

« Et au niveau de ton couple ? Ça a été ? »

Mauvaise réponse : « Oui... Bon effectivement j'ai essayé d'étouffer UUUNE FOIS mon mari dans son sommeil parce qu'il faisait semblant de ne pas entendre le bébé pleurer... Ah et quand il m'a dit "Fais un effort chérie pousse" à l'accouchement j'ai essayé de le poignarder avec ma perf... Et puis aussi une autre fois... »

Bonne réponse : « Avant nous étions un couple, désormais nous sommes une famille... Je n'ai jamais autant aimé mon homme... C'est fou ! »

RDV mercredi après-midi 14 heures endroit habituel.

Ah non t'es reloue, c'était déjà moi la dernière fois y a personne d'autre de dispo ?

NON ! Personne d'autre, tu m'as promis de ne jamais me laisser en galère, je l'ai fait pour toi il y a quelques années, maintenant c'est ton tour. Combien de mercredis à t'accompagner ? Hein ? Combien de fois je t'ai évité le pire ? TU DOIS PAYER TA DETTE MAINTENANT !

Mais ouais je sais mais vas-y steuplé aie pitié quoi ! J'EN PEUX PLUS !

Rien à cirer. On se l'est juré. Le square c'est toujours à deux, sinon je me pends au toboggan. Et t'es la marraine de mon fils, j'ai écrit dans mon testament que la garde te revient ! Si je meurs tu bascules en mode famille nombreuse.

14 heures aux jeux. T'as gagné.

Merci ma biiiiiche !

Crevure.

DU JEU
à la réalité

Nous n'étions que des enfants, et j'ai l'impression que les choses n'ont pas beaucoup changé. **On rit toujours pour des blagues idiotes et on fait des jeux qui n'amusent que nous.**

Nous avions imaginé leurs prénoms, leurs visages et les jolies poussettes qu'on aurait. « Tu seras la marraine du mien et moi celle du tien » bien sûr, « on sera enceinte ensemble et on vivra tout comme des sœurs », c'est à ça qu'on pensait, le coussin sous la robe et la tête dans quinze ou vingt ans.

Alors le *timing* n'a pas été parfait et fort heureusement les prénoms ont changé. **Brenda et Dylan c'était pas du meilleur goût**, il faut bien se l'avouer, mais j'ai senti mon cœur exploser dans ma poitrine quand tu m'as dit « ça y est ». J'ai pleuré comme une gamine à voir tes yeux briller, j'ai dit que t'étais chiante et t'ai appelée mon cachalot ou ma grosse, parce que c'était plus gros qu'un coussin ce ventre et ça faisait des vagues que je n'aimais pas trop regarder…

Mais, il y a dix ou quinze ans, dans nos jeux et rêves les plus fous, je n'imaginais pas, non pas un instant, à quel point **tenir ton enfant dans mes bras** serait beau. À quel point le voir jouer avec les miens serait magique, à quel point je prierais fort pour que ce petit être ait une belle vie, belle comme sa maman, mon amie, ma sœur.

Aujourd'hui, on joue à « quand on sera vieilles et quand ils seront grands ». Et si j'ai parfois eu des doutes, désormais je n'en ai plus. Un jour, alors qu'on sera autour d'un café, cheveux blancs et canne à la main, ils viendront nous embrasser « bonjour maman, bonjour marraine, qu'est-ce qui vous fait rire encore ? »

« L'amitié, mon amour. »

Il est sourd.

Qui ça ?

Mon fils, je pense qu'il est sourd. Non je suis sûre même. Il est sourd. Mon Dieu je suis effondrée.

Tu me fatigues tu le sais ça ?

Mais pourquoi ?

Parce qu'aujourd'hui c'est l'ouïe mais hier c'était la vue, avant-hier le cerveau… Il a quinze jours et le pauvre enfant tu lui as déjà diagnostiqué une vingtaine de handicaps !! Laisse-le tranquille enfin ! Il n'a rien du tout à part une mère totalement hypocondriaque !

Oui, je sais, tu ne me crois pas tu penses que je suis dingue, mais là c'est vrai… La preuve depuis tout à l'heure il dort, moi je crie, là, juste à côté de son lit, et il ne bronche pas !

Mais pourquoi tu cries ?

BEN POUR VOIR S'IL EST SOURD ! SUIS UN PEU BON SANG !

OK alors tout est dans le sac, j'ai rangé par thème pour que tu t'y retrouves. De ce côté : couches, lingettes, crème pour les fesses, pipette et mouche-bébé pour lui nettoyer le nez, thermomètre et suppo au cas où. Ici, tu as tout le matériel pour le biberon. Je t'ai aussi fait une fiche avec les horaires et les quantités ainsi que les meilleures positions pour obtenir un rot. Derrière, là, tu as ses jouets préférés : chacun d'eux la passionne au moins 15 secondes. J'ai compté tu as de quoi faire pendant au moins une minute et demie. Le reste du temps hop, voici l'écharpe de portage, ça t'aidera bien. Je t'envoie par mail les liens des vidéos *Youtube* pour les différents nouages. Je crois que c'est tout…

Ouais, mais il fait quoi ton mec là ?

Ah oui ! Il arrive, il te ramène chauffe-biberon, transat et babyphone, on a dû venir avec deux voitures du coup…
Ici nos numéros de téléphone, mails, compte Skype, tu pourras aussi nous joindre sur Facetime ou nous poker sur *Facebook*.

Mais…

Des questions ? Je sais que tu vas gérer, tu as deux enfants quand même, et tu es la seule en qui j'ai vraiment confiance… Mais tu comprends c'est la première fois qu'on la laisse…

MAIS JE VAIS LA GARDER QUE TROIS HEURES ENFIN !

***

La pote jeune maman : *best* contraceptif *EVER*.

***

Soirées filles avant les enfants
« Bon les meufs, rendez-vous au resto à 21 h30 ? On va se boire un petit verre après et bouger notre petit cul quelque part hein ? Faut que je décompresse de ma semaine de boulot et puis on s'en fout demain c'est week-eeeeeeeeend ! »

Soirée filles après les enfants
« Faut que je décompresse un peu les meufs, on se fait un petit resto ce soir ? On dit 19 heures ? Comme ça, 22 heures, on est rentrées, le réveil du samedi matin 6 heures ne sera pas trop violent. »

***

Le 12 mars, je fête mon anniversaire !
Chapeaux, paillettes, et cotillons seront de la partie !
Je t'attends à 16 heures chez moi pour m'aider
à souffler mes bougies !

Voilà, avant tu recevais de tes amies des plans pour aller à des soirées de folie. Maintenant tu reçois des invits pour aller assister au goûter des trois ans de leur fils à base de Champomy et chasse au trésor.
Putain de vie.

« J'ai un rancard, elle est assez sexy-mais-pas-trop-non-plus ma robe ? »
« J'ai un rancard, c'est bon j'ai pas de trace de vomi sur ma jupe ? Tu me files de l'anticerne ? »

L'une des deux a un enfant. Sauras-tu retrouver laquelle ?

***

Si l'une de tes amies s'apprête à devenir mère, tu as peur, et c'est bien normal.

Jusque-là, si elle avait des copines débiles, il suffisait de lui ouvrir les yeux pour qu'elle s'en débarrasse.

Si elle fréquentait des mecs bizarres, il suffisait de lui faire remarquer pour qu'elle les largue.
Mais là, mince…

Si son enfant s'avérait raté…

Je la prends en rouge ou en gris cette robe ? Les deux sont à tomber !!

Oh je dirais rouge, mais dans ce cas il te faut absolument CES BALLERINES POUR ALLER AVEEEEC !

Hiiiiiiiiiiiiiiiiiiiiiiiiiiiiiiii.

OH BON SANG REGARDE-MOI CE SERRE-TÊTE PRINCESSE !

Il faut vraiment qu'on sorte du rayon enfant…

***

Crédule, tu te dis que non, tes amies à toi ne seront pas comme ces mères qui s'extasient devant chaque mouvement insignifiant de leur nouveau-né. Comme celles qui te font un exposé sur le premier caca sur le pot, ou ces autres qui encadrent le moindre dessin ignoble… C'est impossible.

Tes amies à toi, elles sont objectives… Et puis tu déchantes, au fur et à mesure…

Merde, elles aussi donc, sont comme les autres mères… Et…
Et comme toi aussi, hein.

***

« On se retrouve au parc après l'école ? »
is the new
« On se retrouve au café après le boulot ? »

En amour comme en amitié, il y a parfois de terribles épreuves à traverser. Si le sentiment éprouvé pour l'autre est vraiment fort, alors chacune de ces épreuves viendra renforcer davantage encore votre lien… Et croyez-moi au bout de neuf mois de :

– Roh j'ai trop mal au dos, à l'estomac, au sourcil… –

– On rentre ? Je suis trop fatiguée. –

– Je sais pas ce que j'ai, j'ai envie de pleeeeeeeeureeeer. –

– J'ai faim ! J'ai faim ! J'AI FAAAAAAAIIIIM ! –

– T'étais plus grosse que moi, toi non, au même stade ? –

Le lien est tellement resserré que vous aurez envie de faire un nœud pour la pendre avec !

***

Pendant la grossesse, prise de doute, tu demandes :
« J'ai beaucoup grossi, hein ? »

La réponse de la bonne copine :
« Mais non tu es tellement belle ! Tu rayonnes ! Tu n'as pris que du ventre, vraiment, tu es S.U.P.E.R.B.E ! »

La réponse de ta meilleure amie :
« Mais t'es qui toi ? Pourquoi t'as bouffé ma pote ? CRACHE-LA TOUT DE SUITE CONNASSE ! »

***

Je suis une mauvaise mère ! Je bosse trop, je rate les spectacles, les anniversaires, les moments importants… Mes enfants vont me détester, je culpabilise ! Ils vont en avoir pour quinze ans de thérapie à cause de moi !

Mais nooooon !

Oh t'es gentille… Tu dis ça pour me remonter le moral.

Non vraiment je le pense… Quinze ans c'est beaucoup… Avec un bon psy je dirais dix, grand max !

S'immole par le feu
Être une bonne amie, c'est avant tout savoir trouver les bons mots !

***

Sortir entre filles pour échapper aux couches, biberons, enfants… Passer la soirée à parler de… Couches, biberons… Enfants !

Les enfants de tes amies *VS* ta voix intérieure :

Pourquoi ma maman elle t'aime alors que t'as des cheveux moches ?

– Je me pose la même question pour toi
quand je vois tes petits yeux vicieux –

Tata ? Pourquoi on t'appelle comme ça ? T'es pas la sœur de maman, t'es une fausse tata !

– Ouais ben rappelle-moi de t'acheter un faux jeu vidéo
à ton anniv' –

Toi aussi t'as un bébé dans le ventre comme maman ?

– Non moi c'est l'apéro –

Regarde je t'ai dessinée avec ton grand nez !

– Super, fais donc un autoportrait maintenant,
je t'apporte deux panneaux publicitaires pour les oreilles –

Oh! Za fait pipi sur canapé!

– *Remember*: meurtre d'enfant = perpétuité.
Inspire. Expire. –

Tu peux m'essuyer mes fesses? Ze suis petite ze sais pas faire toute seule!

– Je veux crever. MAINTENANT –

Berk elles sont pas bonnes tes crêpes!

– Bah bouffe ta main –

J'aime pas ta robe, elle est cro laide.

– Ton tee-shirt Spider-man m'a défoncé la rétine.
On est quitte. –

Eh... Tata? Ze t'aime fort toi!

– Putain moi aussi, et pourtant t'es même pas
sortie de mon vagin. –

**J'en peux plus de ce petit con !
Je ne sais pas pour qui il se prend sérieux !
C'est tout de même moi qui donne les ordres ici, depuis le temps il devrait le savoir !
Mais ça ne convient pas à Mooooonsieur, il n'écoute rien de ce que je dis, il fait tout de travers. Il en fout pas une et en plus d'être un gros nul il est moche et pue du bec ! Voilà !
Fallait que ça sorte !
J'ai trop envie de le frapper !**

Arf… Dure période l'adolescence :-(
Je compatis… Ça lui passera !

**Hein ?
Mais je te parle de mon collègue là pas de mon fils !!!**

Ah

**TU TROUVES QUE MON FILS EST MOCHE ?!
QU'IL PUE DU BEC !?
RÉPONDS !**

Ce qui est bien lorsque tu as des amies qui te ressemblent, c'est qu'avec elles, en toute impunité tu peux laisser parler la mère indigne qui est en toi.

Avec les miennes, nous avons même créé un groupe de parole, les MMA (aucun lien, fils unique) :

Les Mauvaises Mères Anonymes.

Nous nous réunissons une fois par semaine et, tour à tour, nous avouons nos péchés maternels :

« J'ai encore sauté des pages en lisant l'histoire du soir, bon sang que **c'est chiant la littérature enfantine**. »

« Il ne restait qu'un seul *Kinder Bueno*, je l'ai planqué, ai attendu patiemment qu'ils dorment, et je l'ai bouffé sans aucun remords. »

« J'ai cogné mon bébé au plafond de la voiture en l'installant dans le siège auto. **ENCORE**. »

« Moi j'ai causé une hémorragie du petit doigt en lui coupant un ongle trop court. »

« J'ai dit à mon mari que j'avais une réunion et que j'allais finir tard. En fait, j'avais tellement pas envie de gérer le bain et le dîner que je suis restée 1 h 30 dans la voiture à fumer des clopes en écoutant le *Best Of* de Céline Dion. »

« Je trouve que **les dessins de mon fils sont moches**. Il fait arts plastiques et il a 17 ans quand même. »

« J'ai jeté le gilet que lui a offert belle-maman et j'ai accusé mon mec de l'avoir perdu. »

« Je l'ai inscrit à la cantine deux fois par semaine. Alors que je suis à la maison. »

« Je fais systématiquement semblant de ne pas sentir l'odeur nauséabonde qui se dégage de la couche de ma fille pour que son père s'en occupe. »

« Je leur dis de ne pas grignoter entre les repas et, en préparant le dîner, je mange du fromage la tête dans le frigo. »

« Je les colle devant un dessin animé pour un petit 5 à 7 dans la salle de bains avec mon mec. »

« J'ai trouvé que **leur spectacle de fin d'année était à chier**. »

J'ai des contractions, cette fois-ci je crois que c'est bon.

Oh !!! Elles sont rapprochées ?

Oui et mon ventre est tout dur… Oh je crois que ça y est… On va partir à la mat'!

Mon Dieu ma chérie, je suis tellement émue… Tu vas devenir maman… Quand tu liras ce message, tu auras certainement ton bébé dans les bras, je suis fière de toi, tu vas être une maman formidable. Et puis, je serai là pour t'aider si besoin, tu sais que tu pourras toujours compter sur moi… Bonne rencontre ma belle, j'ai hâte de voir ce petit bout… Je vous aime fort tous les deux.

Fausse alerte je suis juste allée aux toilettes… Et puis pour tout te dire c'était pas un « petit bout » mouahahhah !

MAIS T'ES VRAIMENT UNE POURRITURE !!!!!!!!!!

Rohlàlà j'ai croisé « la pue du bec » ce matin chez le médecin… J'ai dû m'asseoir à côté d'elle et endurer son haleine de phoque décédé pendant vingt-cinq longues minutes… Laisse tomber, j'étais à deux doigts du malaise vagal. Elle m'a dit que son ex s'était remarié… Peut-être avec une dentiste LOL.

Non, elle est infirmière, et la prochaine fois, t'auras qu'à me filer un chewing-gum. Connasse.

– Décider de faire un régime entre copines
pour se motiver à plusieurs –

– S'envoyer des photos de nos repas *light* –

– Se goinfrer de chocolat en cachette, chacune de son côté –

– S'étonner de ne pas constater de résultats –

– Mourir étouffées par la mauvaise foi –

« Être un bon ami, c'est répondre présent même quand ça t'emmerde. »
Moi-même, 6 h 05 un matin d'hiver, en train de me les geler devant un aéroport.

***

Le SMS « Tu dors ? » à 3 heures du matin…

Dans ta tête : « Moi ? Non non… En général à cette heure-ci, j'épluche des oignons en chantant *La Bohème* de Charles Aznavour, ça purifie mes chakras. »

Robes à paillettes, chaussettes, mojitos et un album de Dalida à fond dans ton salon...
Prends ta brosse à cheveux et chante avec nous GIGI, chaaaante.

***

Rendez-vous chez le coiffeur, tu sors.

Réaction de ton mec :
« Ah ? T'as coupé ? Oh mais oui ça change !
Tu es magnifique mon amour. »

Réaction de ta pote :
« Couleur chocolat, nuance 12, balayage caramel,
dilué au 27 sur carré légèrement plongeant, plus nouvelle frange.
J'ADORE, T'ES TROP CANON ! »

***

Je sais ce que ton mari t'a acheté pour ton anniversaire ! Combien tu comptes monnayer cette info capitale, hein ?

Rien du tout, t'es incapable de te taire, donc tu vas me le dire gratuitement dans moins de deux minutes... J'ai plus qu'à patienter.

Pas faux.

***

Vous en pensez quoi de ce sac ?

Superbe, j'adore !

Bon, il est un peu cher, certes…

Vas-y, annonce la couleur ?

Euh… C'est un beau camel…

…

– Manquer un appel –

– Rappeler –

– Se rendre compte que l'autre essaie de rappeler –
en même temps

– Raccrocher –

– Attendre –

– Se rendre compte que l'autre a choisi d'attendre, elle aussi –

– Rappeler –

– Se rendre compte qu'elle retente, la conne –

Et ainsi de suite, jusqu'à la mort.

Tu l'as, toi aussi, la copine *Facebook* qui poste 37 *selfies* par jour ? Oui… Bien sûr, tu l'as… Est-ce que toi aussi t'as envie de lui mettre son iPhone là où la bienséance t'en empêche ?

L'amitié, c'est se parler en onomatopées et se comprendre :

Roh puuut… Oh !

Oh ! Mais… Eh ! Oh la lààà !

Mais oui je sais ! JE SAIS !

Je me disais… à quoi ça sert d'avoir une esthéticienne comme meilleure amie quand elle te fait une manucure aussi moche, sérieux ?

Ahaah ouais mais c'était un test, bon je te le concède, fort peu concluant.

C'est ignoble, j'ai honte, j'ai envie de me découper les phalanges.

Oui, bon je viens te les refaire demaaaain, ça va !

Tu sais que je peux te faire chanter, je peux détruire ta réputation !

Non, tu ne peux pas, on a pris les photos avec MON téléphone !

T'es sérieuse là ?

Ben oui, pas folle la guêpe. Je suis maligne, qu'est-ce que tu crois ?

Alors, OK, tu as peut-être les photos de ma manucure ratée dans TON téléphone, madame « je pense à tout », mais moi… J'AI MES MAINS AVEC MOI, Einstein !

Une Amie
C'EST NUL

Une amie c'est nul.

Ça rentre dans ta vie comme ça, un après-midi, en descendant du bus qui te ramène du lycée. Ça te fait faire des nuits blanches, des trucs pas racontables. Ça te connaît par cœur, ça t'énerve très fort parfois, ça t'appelle à pas d'heure, ça te confie tout…

Une amie c'est nul, parce que ça devient indispensable, ça devient une évidence, un réflexe pour raconter une connerie ou pour chialer un coup. C'est là toujours, à ton mariage, à tes accouchements, aux anniversaires, quand tu montes ton entreprise ou quand tu cries de douleur en apprenant une horrible nouvelle.

Une amie c'est nul, parce que ça a les reins solides, ça encaisse tout, toutes les méchancetés que tu peux lui balancer à la gueule sur un coup de nerfs. C'est nul aussi parce que ça pardonne, et puis parce que ça connaît toutes les répliques de *Friends* par cœur, parce que ça arrive à imaginer ta tête à l'autre bout du fil.

Une amie c'est nul, ça a besoin de toi beaucoup, même que tu te sens utile. Alors tu cours dès qu'elle t'appelle au secours, tu cours, tu lui tends tes bras.

Une amie c'est nul, parce que ça t'aime comme une sœur, ça te rassure comme une mère, et ça te comprend comme une grand-mère.

Une amie c'est nul, surtout parce que PUTAIN des fois ça part. Ça part vivre loin en te laissant là, le cœur en miettes et avec ce trou au ventre dont tu n'arrives pas à expliquer la douleur.

Une amie c'est nul, parce que ça ne peut pas se détester, parce que si tu laisses ton égoïsme de côté deux secondes, tu te rends compte que tu es heureuse pour elle, fière même, tellement fière.

Alors c'est trop dur, de laisser partir, d'imaginer la chaise vide au resto, la place en trop sur le canapé de nos soirées habituelles. C'est dur de se dire qu'on ne pourra plus courir vite pour lui tendre les bras ou pour qu'elle nous tende les siens… C'est ça qui est vraiment nul, et même si ce n'est qu'un au revoir, je n'ai pas envie de le lui dire.

J'aimerais vraiment qu'on discute un peu, on se perd, on ne se voit plus. Happées par nos vies respectives, notre amitié se meurt. J'ai ce sentiment terrible de ne plus te connaître, de ne plus rien partager. Que nous arrive-t-il ? Qu'allons-nous devenir ? Sens-tu cette épée de Damoclès peser au-dessus de notre relation ?

Écoute-moi bien Madame l'écrivaine de mes deux. On s'est vu il y a 3 jours et je t'ai parlé de mes vergetures aux fesses, je vois difficilement comment on pourrait être plus proches, tu veux peut-être que je te les montre ?
Il est 5 h 17, tu fais une crise d'angoisse comme ça t'arrive une fois par semaine, tu crois que je ne le sais pas ? Respire dans un sac, pense aux oiseaux et lâche-moi bordel.

Quel genre d'oiseau ? 😔

Mais j'en sais rien moi, un toucan !

Un toucan, c'est comme un perroquet ?

Non, un toucan, c'est un toucan !

Ah… j'ai plus de sac.

Hein ?

Pour m'autoventiler.

Prends un sac-poubelle. Et si jamais tu renvoies un message avant 7 heures du matin, je viens moi-même te le poser sur la tête jusqu'à l'étouffement.
Je te tuerai à petit feu avant de balancer ton corps dans le canal, tu m'entends ?
Mais avant ça bien sûr, je te casserai les doigts un par un, pour que, depuis l'enfer où tu pourriras, tu ne puisses plus m'envoyer des messages !

T'es beaucoup trop agressive, je vais regarder sur *Google*, tu couves quelque chose…

OUAIS, LA FATIGUE, CONNASSE.

Je suis blonde, j'ai 20 ans et je suis en pleurs.
Je suis ? Je suis ? Je suiiiiis ?
Feu ma meilleure amie à qui je viens de couper les cheveux façon Dave.

– S'engueuler –

– Se dire que cette fois c'est fini, qu'elle a été trop loin –

– Recevoir un smiley –

– Pardonner –

***

À **15 ans**, on l'appelle « meilleure amie pour la vie ».

À **20 ans**, c'est notre « best ».

À **25 ans**, elle est notre « sœur ».

À **30 ans**, si elle est encore là, c'est qu'elle est surtout une évidence.

*

Lorsque quelqu'un me demande de ***ne surtout rien dire à personne***, j'ai cette faculté incroyable de lire, à l'oral, le petit astérisque* qui rapporte à la mention plus bas.

---

*sauf à ta meilleure amie, bien sûr !

***

Vous avez beau faire les meufs bien, parler politique, actualité ou débattre sur les méfaits de l'huile de palme en début de soirée…

Deux heures et deux bouteilles de vin plus tard, vous en viendrez quoi qu'il arrive à l'essentiel : les commérages !

Début de soirée, elles débarquent à la maison :

Petit jean moulant, blouse colorée, talons de 12,
make-up au top et brushing impeccable…

Les trentenaires parfaites, chic sans trop en faire, élégantes en toutes circonstances…

Puis, apéro, chips, lasagnes et fondant au chocolat auront raison de leur féminité. Ce ne sont plus des femmes mais des animaux à l'agonie :

pieds nus, bouton du pantalon ouvert, bourrelets à l'air,
yeux de panda, respirant tant bien que mal
en émettant des sons indéchiffrables
alors qu'elles sont lamentablement échouées sur le canapé…

Tristesse et déchéance : voilà l'envers du décor.

***

Pacte d'amitié :

– Ne jamais s'engueuler pour un mec –

– Ne jamais se perdre de vue –

– Ne jamais poster des selfies sur *Facebook*
sans l'accord de tous les membres de la photo –

Ne mens pas, toi aussi t'es comme moi, tu ne te souviens d'aucun anniversaire de tes copines et tu dis secrètement merci à *Facebook* de te les rappeler chaque année ! Dieu bénisse Mark !

***

La différence entre une copine et une amie ?

Lorsque tu exposes une idée complètement folle à la première, celle-ci pèsera le pour et le contre et te mettra en garde sur les conséquences.

La deuxième ?

« Mais ouaaaaaaais c'est génial je te suis à fooooond ! »

***

Tu l'as vu ?

Tu crois vraiment que je vais retomber dans le piège, pour la 200e fois ?

Mais non, non, là-bas, regarde ! Vite ! Tu vas le rater ! Rooh tu l'as vu ou pas ?

MAIS QUI ?

Mon cul.

RAAAAAAAAAAAAAAAAAAAAHHHHHHHHHHHHHHHH.

Je repense à ta blague pourrie et je ris aux larmes ! Aux laaaarmes !

Aux larmes citoyen ?

Je ris aux larmes citoyen, ahah !

Merde.

Oo

Même vanne en même temps !

En même temps.

Raaaaaaaah arrête !

J'ai peur. 😱 😱 😱 😱

J'en ai marre de toi, on se connaît trop, t'es plus ma pote, t'es ma jumelle ! 😡

Moi aussi je t'aime morue. 💗

LA PETITE DERNIÈRE

Et puis un jour, elle débarque, comme ça.

Elle sonne à la porte de ton cœur.

En lui ouvrant tu souris, tu te dis qu'**elle te ressemble un peu**.

Elle a plein de mimiques, comme toi, elle sort des blagues qui te font rire.

Elle saisit toute la subtilité de tes jeux de mots, preuve qu'elle est forcément très brillante.

Tu l'invites à rentrer, tu lui proposes un thé, mais c'est un test, au fond tu espères que comme toi, elle aime le café, bingo, et bien serré, elle est parfaite.

Tu l'écoutes se raconter, t'as l'impression que c'est une supercherie, c'est sûr, elle a dû fouiller dans ton passé ou sur ton historique *Facebook*, tant sa vie, son ressenti, sa façon de penser te rappellent trop la tienne.

Ce n'est pas possible, trop de **points communs**, ça te fait peur, elle vient à peine d'arriver...

Mais comme un aimant **tu es attirée**, elle est solaire, elle te donne **envie de te confier.**

C'est étrange, cela ne te ressemble pas de parler comme ça, c'est sa sincérité sûrement, ce sentiment qu'elle te comprend vraiment.

Depuis quand ça ne t'était pas arrivé ce genre de rencontre ?

Des mois, non, des années, oh oui des années...

Tu as tes amies, elles sont là depuis toujours, est-ce que tu aurais la place pour une nouvelle relation ? Est-ce que ce sera pareil, sans les souvenirs d'enfance en commun, sans faire les quatre cents coups au lycée, sans les sorties en boîte, sans les disputes, sans... Sans tout ce qui forge une amitié ?

Tu ne sais pas, comment le savoir… Mais c'est trop tard, elle est déjà confortablement installée dans le fauteuil de tes sentiments, tu lui as laissé une place, juste là, ça te fait du bien de la savoir à tes côtés.

C'est la différence entre l'amour et l'amitié, avec la deuxième, on a le droit de cumuler les relations. La polyAmie est acceptée, alors pourquoi ça fait peur, la nouveauté ?

Peut-être parce qu'après le coup de foudre, il faudra tenir la route, peut-être parce qu'il faudra faire ses preuves, conquérir sa confiance, lui accorder la tienne… Peut-être aussi, parce qu'aimer une personne de plus, cela signifie avoir un risque supplémentaire de souffrir… De décevoir ou d'être déçue…

« Qui ne tente rien n'a rien » dit l'adage… Certaines personnes valent le coup d'essayer…

Bienvenue chez moi, voici les clés, fais-en bon usage, mon amie.

Fin août

« Bon les filles, on s'inscrit à la salle de sport ?
Cette année, on s'y tient, et l'été prochain, on a un corps
à faire chialer Rihanna de jalousie ! »

Début septembre

« Wow intense cette séance, ça fait un bien fou ! »

Mi-septembre

« Qui a eu cette idée de merde ? »

Fin septembre

« Ah moi non plus, je pourrai pas jeudi prochain, ça tombe bien. »

Début octobre

« Et si on allait plutôt se faire une raclette ? »

Mi-octobre

« Tout le monde a bien pensé à faire opposition
au prélèvement de la salle de sport ? »

***

Je ne comprends pas pourquoi on continue, entre filles, à s'envoyer un « j'arriiiive » alors qu'on sait pertinemment qu'il veut dire « je suis en plein brushing, pas encore maquillée, je pense que je vais me changer une 12e fois pour être sûre, je couche les enfants et seulement après, éventuellement, si tout va bien, là, j'arrive. »

***

Est-ce que tu l'as, toi aussi, la copine *Facebook* qui ne s'exprime que par citations ? Oui hein… Et donc, j'imagine que toi aussi, t'as envie de lui tatouer sur le front : « Arrête de nous gaver avec tes conneries. Jules Verne. »

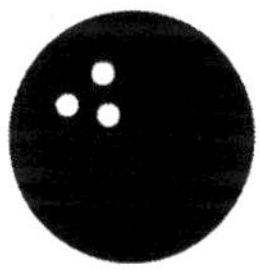

« Mais pourquoi tu me fais les gros yeux ? »
« AÏEUUUUH tu viens de me mettre un coup de pied là ? Pourquoi ? J'ai dit quoi encore ? »
« Parle plus fort, j'entends pas ce que tu me diiiis. »
Tu as forcément une amie comme ça…
Et si tu n'en as pas, ça veut dire que le boulet, c'est toi !

Féministe dans l'âme, j'ai un jour réuni toutes mes amies pour leur expliquer la règle du « hors-jeu » afin qu'on cesse de raconter partout qu'on y pige rien et pour qu'elles répandent à leur tour la bonne parole… Bon c'était il y a quoi… À peine cinq ou six ans… et j'y suis presque…

***

Partir avec tes potes en week-end, se faire un programme de ouf : visites, musées, expos, shopping… Puis finalement s'en tenir à l'essentiel : manger, dormir, boire… Et *shopping*.

***

En public

Discuter des sujets d'actualité, débattre et prendre position.

En privé

Passer deux heures sur le fait que dans *Les mystères de l'amour,* Monsieur Girard couche avec Annette de *Premier Baiser.*

***

Ta pote, chef d'entreprise brillante, mère remarquable, artiste peintre incroyable à ses heures perdues, femme admirable et admirée par tous, sera toujours pour toi celle qui a cru jusqu'à ce que tu t'en rendes compte il y a trois ans, qu'on disait « cul de Jack » au lieu de « cul-de-jatte ».

C'est incroyable, tu ne sais vraiment jamais admettre que tu as tort !

FAUX !

***

Ta pote, c'est la seule personne à avoir la même logique que toi.

– On ne dépense pas de l'argent pendant les soldes,
on en gagne. –

– Manger un burger après deux heures de sport
ce n'est pas du gâchis, c'est avoir limité les dégâts. –

– Recevoir un cadeau à la saint Valentin c'est céder
à une opération purement commerciale. Ne pas en avoir
donne des circonstances atténuantes en cas de meurtre. –

– Voir sa meilleure amie reprendre la clope
après des années d'arrêt. –

– Lui faire une morale d'enfer. –

– L'engueuler. –

– Lui exposer tous les méfaits du tabac, sur la santé,
l'haleine, l'entourage. –

– Lui en taxer une. –

***

Tiens, un petit cadeau pour ton retour, tu m'as beaucoup manqué, tu sais ?

Je sais... Tu m'as manqué toi aussi ! Merci. C'est quoi ?

Ben ouvre !

Oh... C'est... Un... Bracelet ?

Oui ! Il est beau hein ? C'est la dernière tendance en France ça fait un carton !

Ahhh... Oui... Il est un peu... Imposant... Mais... Mais... Comment on l'enlève ? Pourquoi il ne s'ouvre plus ? Mais... Qu'est-ce que c'est ? EST-CE QUE C'EST... UN BRACELET ÉLECTRONIQUE ?

Tu t'es barrée deux ans à l'étranger. Sois contente, c'était ça ou la laisse à rallonge !

Allô ?

Ouiiiiiiii allô mon bichon maltais à paillettes ça va ? Tu vas bieeeeen ? Pas trop mal aux cheveux ? Remise de ta soirée ? Hahaha t'étais bien pleine hier hein ? T'as dansé la Carioca sur le billard quand même !

Hum… Euh… Oui… Hum… Je suis sur haut-parleur là… Avec mes collègues… Je t'appelais pour parler boulot…

BIP-BIP-BIP

***

– Avoir une copine maniaque. –

– L'inviter à prendre un café juste après un déménagement. –

– Lancer innocemment un « mince je ne sais plus où sont les tasses… Je vais les chercher, tiens en attendant, assieds-toi là, entre la pile de livres et le balai à chiottes ». –

– Patienter trois minutes. –

– Admirer son travail. –

***

Non mais j'ai eu trop mal, laisse tomber, j'ai l'entrejambe en feu pendant deux jours. J'ai encore du mal à marcher et à m'asseoir. De la barbarie, voilà ce que c'était ! Gestes brusques, aucune confiance en soi… Aucune expérience, aucune douceur, trop rapide, plus jamais !

Je t'avais dit que la nouvelle esthéticienne était nulle !

***

Chaque année on se dit : « Bon pour ce nouvel an, on se fait une soirée de folie ! »
Chaque 31 décembre au soir, on se retrouve beaucoup trop maquillées, complètement bourrées, à moitié endormies devant Arthur et *TF1*.

À l'heure où les téléphones sont à la pointe de la technologie.
À l'heure où, quand tu reçois un appel, tu peux connaître jusqu'à la couleur du slip de ton interlocuteur.
T'as ce vieux réflexe bizarre, en appelant ta copine, qui consiste à lancer un « salut, c'est moiii ».
POURQUOI !?

***

« Félicitations ! »
« Je suis tellement émue pour toi... »
« Tu le mérites ! »
« Je suis trop jalouse, veinarde ! »
« Ma chérie ça doit être le plus beau jour de ta vie... »
« Un rêve qui se réalise, bravo ! »

Recevoir ta première paire d'escarpins à semelles rouges... Entre joie et émotion.

« On se fait un apéro dînatoire ? »
Une façon chic de dire « y a rien à bouffer, on grignotera des chips entre deux verres de rouge ».

Je passe te prendre vers 20 heures ce soir ?

Oui parfait ! J'ai fait des fondants !
(Non je déconne je les ai achetés tout faits)

Ah… Tu m'as fait peur !

Au fait j'y pense… On est mardi gras !!! On se fait une soirée filles ? J'ai une idée géniale là !

JE TE PRÉVIENS C'EST NON !

Mais je t'ai même pas encore exposé mon plan !

MAIS JE SAIS D'AVANCE QUE C'EST FOIREUX !

Non promis c'est génial ! Je me disais qu'on devrait toutes ramener notre robe de mariée ! Attends, quelle meilleure occasion pour la remettre ! Et pis t'as déjà porté ta robe pour manger du saucisson devant des vieux DVD toi ? Hein ? ALLLEEEEEZ !

Mais non ! La mienne est dans une malle au grenier. On doit partir dans 15 minutes ! Non non non !!! J'ai pas le temps ! Merde, t'es chiante avec tes idées débiles ! Grandis un peu ! On n'a plus 15 ans ! On est des femmes, des mères de famille, des femmes d'affaires ! DES ADULTES ! Tu comprends ça ?
Et je te préviens c'est un non ferme et définitif ! C'est pas la peine d'insister ni de bouder je te connais !

:(
OK… Tant pis…

Bon… Et est-ce que je prends le voile et la jarretière aussi ?
HIIIIIIIII !!

EXCUSE-MOI JE T'AIME

Je vous aime parce que vous entendez un « au secours » derrière mon « ça va ! »

Parce que vous me faites **rire beaucoup**, et **râler un peu**.

Je vous aime parce qu'avec vous **c'est l'aventure** dans une routine amicale, parce que vous êtes une force, parce que je ne me sens jamais seule.

Je vous aime le matin en découvrant un SMS, à midi quand on mange ensemble en visio alors que des centaines de kilomètres nous séparent. Et je vous aime le soir, aussi, quand on se retrouve dans notre resto préféré ou échouées sur mon canapé.

Je vous aime pour votre **folie**, votre naïveté ou pour vos **idées tordues.**

Je vous aime pour chacun de vos traits de caractère, même ceux qui me filent des pulsions meurtrières.

Je vous aime pour vos petites imperfections et vos immenses qualités, parce que vous êtes des Femmes avec un grand F et des AMIES tout en majuscules.

Je vous aime parce que vous savez reconnaître une chanson que je chante en yaourt, parce que vous êtes capables de retenir une date bouleversante, chaque année, parce que vous êtes une source d'inspiration inépuisable.

Je vous aime parce que « je suis là, ne t'inquiète pas », parce que je ne saurais pas vivre sans vous.

Je vous aime parce que vous m'apprenez, m'accompagnez, m'aidez.
Je vous aime parce que vous êtes de bon conseil, enfin pas toujours, mais on s'en cogne, je vous aime quand même.

Je vous aime parce que vous êtes toujours partantes, même si parfois bon sang, je suis relou, je sais, c'est aussi pour ça que vous m'aimez, vous, pas vrai ?
Je vous aime parce que « arrête tes conneries » ou « on va trouver une solution ».

Je vous aime parce que vous croyez en moi, parce que vous êtes un soutien inconditionnel, parce que vous êtes là, toujours. Toujours.

Excusez-moi, **je vous aime et je ne vous le dis que trop rarement**, je n'aime pas ça, dire « je t'aime », vous le savez bien.

Alors je vous l'écris, ici, pour que ça reste à jamais, s'il vous plaît si un jour vous doutez, ouvrez cette page, relisez et pardonnez-moi de ne pas vous le dire assez.

Han, c'est donc vrai, le cœur d'une maman s'agrandit à chaque fois… il est étirable à l'infini… 🤍 Cette émotion en la découvrant, ce bonheur en la caressant, en reniflant son odeur… Je l'aime autant que les autres, différemment, certes, mais clairement tout autant… à chaque fois je doute, puis je me surprends à ressentir ce flot de sentiments qui me renverse avec la force d'un tsunami… Comment me dire qu'elle sera la dernière, c'est impossible, je le sais, depuis toujours, je suis faite pour ça, tant que je pourrai, je continuerai… Je suis tellement bouleversée !

Ah, ça y est ? T'as reçu ta nouvelle paire de pompes ? 😏

OUAIS ! 😬

ANGE GARDIEN

Je suis une immigrée.

Une de celles catapultées dans un pays du jour au lendemain, sans en connaître la langue, les usages, les paysages.

Je suis arrivée un jour et on m'a dit : « Tu vas vivre ici maintenant, bientôt tu iras à l'école et puis tu auras de nouveaux amis. »

Ah.

Disons qu'à 12 ans, on n'a pas envie d'une nouvelle école, d'une nouvelle vie et puis surtout pas de nouveaux amis.

J'avais les miens, ils étaient très bien les miens.

Il y avait Rita et Lia mes voisines avec qui je jouais au volley dans la rue, il y avait Lella avec qui on imaginait des spectacles parce qu'un jour on serait devenu des stars, il y avait Tommaso mon amoureux de toujours, même si là bon je l'avais quitté pour Alfonso plus *bad boy*, et puis plein d'autres qui faisaient partie de ma vie, de mes journées, de moi.

Plus rien. Le vide. Tout à reconstruire.

Et puis fallait pas se tromper.

Les amis c'est important et les miens ils avaient placé la barre haut.

De l'autre côté du jardin, j'ai aperçu de grands yeux bleus.

Une peau toute blanche.

C'était rigolo des yeux aussi bleus et une peau aussi blanche, ça ne court pas les rues dans le sud de l'Italie.

Elle avait même quelques taches de rousseur et puis elle portait un tee-shirt alors qu'il faisait à peine 20 degrés.

Je me suis dit qu'elle ne craignait pas le froid.

Il y avait ce grillage qui nous séparait et puis une autre barrière plus importante, celle de la langue.

À 12 ans, en fait, on s'en fout un peu. On essaye de faire avec.

Un jour je suis allée chez elle, elle avait une jolie chambre et plein de jeux, des jolis vêtements, une famille unie.

Tout ce que je n'avais jamais eu.

J'ai voulu être elle un instant, ça devait être bien, d'être elle.

Sûrement qu'à sa place j'aurais pas prêté attention à une petite fille paumée comme moi.

Pourquoi s'embêter avec ce boulet quand on a tout pour être heureuse ?

Dans mes souvenirs, nos jeux n'étaient pas si difficiles, on parlait avec les mains, enfin surtout moi, du coup elle me comprenait.

Elle piquait les livres de sa petite sœur, ensuite elle m'expliquait les mots, les sons, elle essayait de m'apprendre à lire.

J'allais bientôt faire ma rentrée et elle ne voulait pas me laisser en galère.

Je ne sais pas pourquoi elle faisait tout ça pour moi.

Peut-être c'était mon ange gardien je me disais.

Un ange gardien aux yeux bleus.

Elle arriva, cette rentrée, et avec elle quelques moqueries, beaucoup parfois, les enfants c'est pas cool à cet âge.

Et puis bon je ne faisais pas vraiment d'effort, j'étais habillée comme un sac, j'avais un mono sourcil et j'écrivais en phonétique. Sans parler de la lecture… Le français c'est beaucoup moins joli quand tu lis en prononçant chaque lettre.

Je te jure essaie pour voir.

Elle s'en foutait, elle, elle ne me quittait pas.

Toujours un œil sur moi, j'avais pas l'habitude, en général, c'est moi la grande sœur protectrice.

En sortant de l'école, elle m'apportait toujours les livres de sa sœur, et ça m'aidait beaucoup… Et puis nos jeux aussi ça m'aidait.

Elle m'a initiée aux séries. *Hélène et les garçons* m'a plus appris sur la langue française que n'importe quoi d'autre. Elle m'a fait écouter tellement de musique, ça me changeait d'Umberto Tozzi c'est sur… Elle adore la musique, elle adore chanter.

Un peu faux certes, mais ça aussi je m'en foutais.

Elle est devenue ma moitié, mon pilier, ma sœur.

Celle qui comprenait tout tout de suite, celle avec qui il suffisait d'un regard.

Je me suis souvent demandé pourquoi elle a fait tout ça pour moi, je me suis souvent demandé ce que j'ai bien pu lui apporter moi, en comparaison.

Ces doutes-là se sont envolés avec les années.

Je sais qu'elle est du genre à angoisser et que je peux la calmer en une phrase.

Je sais qu'elle n'aime pas s'entendre dire je t'aime, alors je le lui écris.

Je sais qu'elle aime se sentir utile, alors j'ai fait en sorte qu'elle me soit indispensable.

Je sais qu'elle est parfois excessive, et que ça lui fait du bien, alors je lui dis qu'elle a raison.

Je sais qu'elle est fan, fan de plein de monde tout le temps, alors je lui envoie des photos, des liens ou des vidéos de ceux qu'elle admire.

Je sais qu'elle n'aime pas quand il y a des bulles, alors je pense toujours à avoir une bouteille de jus de fruit.

Je sais qu'elle déteste les fraises, alors il y a toujours aussi du chocolat.

Je sais qu'elle adore *La cité de la peur*, alors je suis devenue fan aussi et depuis « il ne peut plus rien nous arriver d'affreux maintenant ! »

Je sais qu'elle complexe, alors je lui hurle d'arrêter.

Je sais qu'elle va chialer à lire tout ça et puis elle va m'envoyer « T'es con hein. Je t'aime mais t'es con. » et puis moi je dirai « Je sais. Toi aussi. »

Cette année ça fera vingt ans que des yeux bleus sont entrés dans ma vie.

Si avant je doutais, maintenant je suis sûre.

Elle est mon ange gardien.

REMERCIEMENTS

À Sabrina, merci d'avoir accepté, il y a vingt ans, de jouer avec l'étrangère que j'étais… et surtout merci de bien vouloir continuer (et s'il te plaît n'arrête pas la pâtisserie, jamais, Monsieur Preskovik serait fier de toi).

À Sarah, merci pour nos engueulades et merci de faire la paix à chaque fois, puis merci d'être revenue, ça commençait à bien faire cette histoire, aux chiottes London.

À Steph, merci d'être ma Anna, chaque jour, depuis si longtemps, merci pour tes « non ça ne va pas, je te connais » et pour tes diagnostics toujours pertinents (ou presque, fort heureusement).

À Rita e Lia, *le amiche del cuore di una vita, l'amicizia, l'ho imparata con voi, lasciando quel vicolo vi ho lasciato un pezzo di me, siete sempre nel mio cuore.*

À Adeline, Elo, Anissa, Marj, Val, à mes tobrettes… merci parce que même si le temps passe trop vite et qu'on se voit trop peu, vous êtes toujours là, vous êtes comme un fil rouge rassurant de la vie.

À Sonia, ma petite dernière, merci pour ce coup de foudre, pour les mots d'amour, et pour les Louboutin ma libellule.

À Isa, merci pour ton talent, pour ta bienveillance, pour ta douceur et ton humour. Merci de réussir à dessiner mes idées tordues, merci d'avoir accepté de rendre mon deuxième livre aussi joli que dans mes rêves.

À celles qui ont été de passage et pour qui je garderai une tendresse particulière, toujours. Aux copines avec qui j'ai plaisir à partager un bon souvenir, à celles qui m'ont déçue, aussi, parce que ça permet d'avancer et de grandir, à toutes les femmes qui ont partagé, partageront ou partagent un bout de ma vie, merci.

Parmi toutes ces dames, je n'oublie pas mes trois essentiels, à qui j'ai volé du temps de câlins, de bisous, de jeux, de tendresse, de promenades et de guilis pour écrire ce tome II qui me tenait vraiment à cœur. Mes fils chéris, mon mari d'amour, il n'existe aucun mot pour vous décrire ce sentiment puissant que je ressens pour vous.

Driss, Aarès, Samir, vous êtes comme la mousse sur mon cappuccino, celle qui forme une jolie moustache et qui donne le sourire, le réconfort et la douceur.

Merci, je vous aime au-delà de tout.

Je vous souhaite, à vous, mes lectrices (je sens qu'il y aura peu d'hommes dans la salle) de grandes amitiés, vraies, simples, parce que, grâce à elles, la vie est plus douce et tellement plus belle.

Merci à vous pour cette jolie aventure, merci pour votre confiance et votre fidélité.

Chocolat et *girl powa* sur vous les meufs.